빛으로 눌러 쓴 시

김민지 디카시집

창연

| 작가의 말 |

말보다 먼저 피어난 것들이 있다

아무도 눈길 주지 않는 곳에서도
가장 아름다운 눈빛과 몸짓으로

그 몸짓과 눈빛이 사라지기 전에
그대로 받아 적었다

당신도 갑자기 멈춰 본 적 있다면
동행하기를

| 차례 |

작가의 말 • 03

제1부_고백

첫사랑 • 10
사랑 혹은 비밀 • 12
사랑 • 14
좋아하는 마음 • 15
누군가 자꾸 생각나서 • 16
봄편지 • 18
못 부치는 편지 • 19
편지 • 20
꽃자리 • 21
너에게 가는 중 • 22
그건 그래 • 23
넘다 • 24
고백 • 26
개 풀 뜯어 먹는 소리 • 28
소화 전설 • 29

제2부_핏줄의 연대기

분수 앞에서 • 32
자화상 • 34
핏줄의 연대기 • 35
5월 • 36
생의 한가운데 • 37
빈손 • 38
좁은 창, 깊은 하루 • 40
진행형 • 41
너의 세계 • 42
홧병 • 44
그늘 아래 • 46
아이러니 • 47
빈집증후군 • 48
내일 • 49
길 끝에서 • 50

제3부_빛으로 눌러 쓴 시

빛으로 눌러쓴 시 • 54
저녁 • 55
불면증不眠症 • 56
물의 집 • 58
조화 • 60
나팔수 부대 • 62
생태계 교란 • 64
꽃의 이면 • 65
동백 • 66
억울한 이유 • 68
주인공 • 70
봄날 • 72
비상 • 74
천지天地 • 76
한 통 속 • 78

제4부_쉼표 하나

쉼표 하나 • 80
생각의 벽 • 82
사라지는 길 • 84
다 계산이 있어 • 86
깃발 • 88
쓸데없이 • 89
홍보포스터 • 90
응원 신호 • 92
그림자 • 94
수선 • 96
끝에 • 98
토사구팽兎死狗烹 • 100
증거 • 101
흑백 논리 • 102
빠삐용 • 104

|해설|

사랑의 현상학과 생이라는 아포리아
- 이상옥(시인, 창신대 명예교수) • 107

제1부
고백

첫사랑

너에게로만 향하는 내 첫 마음
불에 데인 듯

사랑 혹은 비밀

도무지 계산할 수 없는
이 떨림,
하루 종일 흘러
먼 그대에게로 갑니다

사랑

눈길 한 번 마주칠 때마다
저 들끓는 마음

누가 끌 수 있니

좋아하는 마음

긴 목으로도 닿을 수 없는 거리여도
멈출 수 없을 거라고
그게, 도무지 속수무책이라고

너, 아니?

누군가 자꾸 생각나서

칠흑의 밤 홀로 걷는
심정이 이와 같을까

저 환하고 단단한
눈빛이
당신 닮아서

봄편지

두근두근 설렘을 꽉꽉 채운
넘쳐나는 꽃소식이네요

괜스레 나도
밖으로 나돌고 싶어져요

못 부치는 편지

파도야 어쩌란 말이냐
님은 뭍같이 까딱 않는데[*]

속으로만 삼키는
보낼 수 없는 마음 조각들

* 유치환의 「그리움·2」에서 가져옴

편지

네게로 가는 마음 한곳에 모아
푸른 잉크 찍어
쓴다

동이 막 트는 새벽에 첫 기차 타듯이

꽃자리

네가 두고 간 마음
붉게 붉게
파문진다

너에게 가는 중

지상의 일들은 까마득하게 버려두고
뜬구름 되어 날아간다

앞서가는 마음은 빛보다 빠르다

그건 그래

이처럼 까칠하고 완벽한 단절도
날카로운 독기도
속수무책일 때가 있다

사랑이 올 때

넘다

누가 여기까지 가라고
등 떠민 것도 아닐 텐데
자꾸 멋대로 자라는 마음
막지 못했구나

아, 사랑

고백

수도 없이 준비해 둔 낱낱의 편지지에
순백의 연서를 써내려 가네

보고 싶다
차마 할 수 없었던 그 말

개 풀 뜯어 먹는 소리

너는 이곳이 오아시스라고?

나에게는 숨 막히는 감옥이야!

소화* 전설

유독, 발걸음 붙잡는 진심 하나

오래, 붉다

* 궁녀 '소화'는 하룻밤 승은을 입은 뒤로 다시는 찾지 않는 임금을 기다리다가 죽은 뒤에 담장 아래 묻혔는데 그 자리에 피어난 꽃이 능소화였다고 한다.

제2부
핏줄의 연대기

분수 앞에서

물줄기 사이로
작은 꿈 하나 무럭무럭 자란다

꿈은 여러 개여도 좋다고
계속해서 높이높이 오를 것이라고

자화상

더 이상 눈물을 흘릴 줄 모르는 슬픔같이
아무 것도 남기지 않는 온기 같이

핏줄의 연대기

저 붉은 핏줄,
질기게도 대를 이어
나에게로 왔다

5월

내 발자국 소리 듣고 크는 기다
그라니까 내 우찌 맨날 안 오긋노

아버지가 무논에서
어린 벼 눈길로 쓰다듬는

생의 한가운데

오랫동안 작심한 듯
일순, 숨을 죽이고 타이밍을 잰다

먹구름이 몰려오기 전에
일용할 양식을 위해 날아올라야 한다

빈손

세상 밖으로 나오려는 것인지
세상 밑으로 가라앉는 것인지

움켜쥐려는 것인지
놓아버리려는 것인지

좁은 창, 깊은 하루

작은 격자 틈으로
하늘 한 줌 들어오고
검은 그릇 속
생각 하나가 식는다

진행형

지금은 꽃길
길 끝은 미궁

이떻게든 가야 하고
어디로도 갈 수 없고

너의 세계

담장 너머 세상은
제 얼굴 쉽사리 허락하지 않는다

깊은 비밀에 잠겨 있다

홧병

누가 저리 마음을 태우나
겉으로는 멀쩡해도
속은 시커멓게 타들어 간다

그늘 아래

닫혀버린 문 아래엔
오래 잠들어 있는 서늘한 기억 뿐

한 번 흘러가 버린 건
돌아오지 않는다

아이러니

눈 질끈 감고
인당수 너울성 파도에 몸 맡긴 심청아

네 아비는
눈 뜨기 직전이구나

빈집증후군

서까래 떠 받들던 온기
사라지고 없는데
참 오래,
그 따뜻함 붙잡고 산다

내일

수많은 시간 지나가고
수십 년이 흘러가도

무엇을 담고 있는지
여전히 풀지 못하는
비밀 한가득

길 끝에서

긴 세월 걸어와
지팡이 하나에 기대어
긴 숨 고른다
왔던 길 돌아보면
햇살이 등 뒤에서 길다

제3부
빛으로 눌러 쓴 시

빛으로 눌러쓴 시

햇살이 강물에 몸을 섞자마자
스파크가 일어난다

이 강렬한 격정!

무량한 봄날의 슬픔이여

저녁

하루 종일 숨 가빴던 오늘이
정지 신호를 보낸다

내일이 오기 전에
잠시 쉬어가라고

불면증不眠症

몰래 숨어서 과속 단속하던
절대 눈감아 줄 수 없다던
교통경찰관의 매서운 눈매처럼

물의 집

둥 둥 떠 있어도
온통 꽃밭인 그 집

뿌리가 없으면
수렁일 뿐

조 화

뭍으로 오기 위해
목소리를 주고 다리를 얻은 인어공주처럼
들꽃이 되기 위해
향기를 주고 시들지 않는 법을 얻었구나

나팔수 부대

밤의 문을 활짝 열어젖히고
네가 불어대는 소리였구나

매일 아침,
왜 이렇게 시끄러운가 하였더니

생태계 교란

난데없이 풀숲이 쑥,
내민 별 조각 하나

별종이 나타났나
이러다 온통 별밭이 되는 건 아닐까

걱정 반, 설렘 반

꽃의 이면

빛깔과 향기는 꽃의 바깥이다
그러니 꽃의 안을 들여다보려면
대지의 등에 올라타고
유구한 시간의 은유를 견뎌야 한다

동백

겨울은 내 몸의 불덩어리 한줌을
뿔뿔이 흩뿌리기 좋은 계절
생각할 겨를도 없이 단숨에 천지사방에

억울한 이유

아무리,
똑같이 생겼어도
이렇게 떨이로 넘겨버리는 건 아니지

주인공

조연들이 배경으로 만들어 둔
무대 위에서
홀로 빛난다

햇살 한 송이

봄날

찔러도 피 한 방울 나올 것 같지 않은
심장에
화색이 돈다

비상

어둠의 바깥이다
격랑을 타고 넘는 돋을새김이다

천지 天地

백두白頭의 푸른 심장이
품은 하늘

고요가 수수만년 고여
마침내, 백의白衣를 피워 올리고 있다

한 통 속

번지르르한 겉만 보고는
도무지 알 수 없다

그 속
얼마나 새빨간 지

제4부
쉼표 하나

쉼표 하나

어디로 튈지 몰라
잠시 숨 고르기

생각의 벽

벽 보고 반성하고 있어!

엄마는 무얼 반성하라는 거지?
놀이터 모래밭에서 맨발로 신나게 놀아서일까
밥 먹다 말고 밥알이 너무 예뻐서 가지고 놀아서일까
아무리 생각해도 열심히 논 거뿐인데

사라지는 길

계속되는 계절을 반복하고 있지만

어쩌죠, 오래 잊혀진 전설처럼
주저앉은 감정은
아무것도 움직일 수 없는데

다 계산이 있어

바람의 방향을 잰다
비상을 위한 최적의 타이밍을

깃발

하늘 찌르던 날도
푸르게 숨 쉬던 날도
다 지나간

생명의 신호 한 점

쓸데없이

단 하루라도 글을 읽지 않으면 입 안에 혓바늘이 돋는다*는데

저 나무 얼마나 글은 안 읽고
쓸데없는 말을 많이 했으면
입 밖에 혓바늘이 돋았을까
속 빈 강정이 되었을까

* 안중근 의사의 말

홍보포스터

봄단장으로
벚꽃 만장滿場한 뜰에
이층집 세 놓습니다

전망은 끝내줍니다

응원 신호

어떻게든 살아야겠다고
절벽을 기어오르는
저,
진격의 힘이라면

아무리 힘들어도 다 OK!

그림자

발바닥에 붙어서 기생하는 빛의 뒷면
사라지고 없네

높이 올라갈수록 까마득히 잊히는
지상의 일들처럼

떼어버리고 환하게

수선

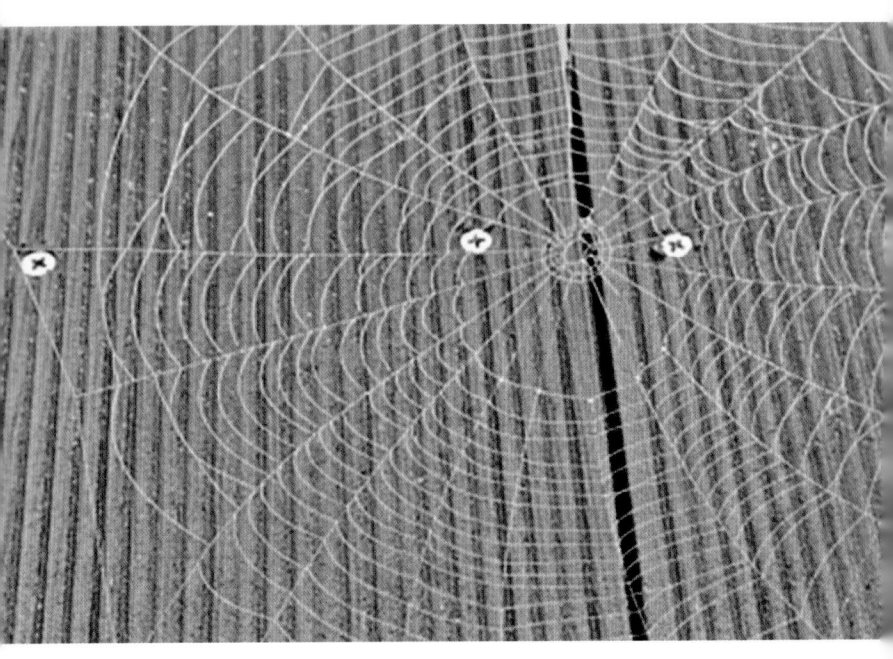

올 나간 스웨터 감춰야 해서
밤 새워 짠
망사스카프

끝에

최후의 한 순간을 위한
숨 고르기 몇 초,

떨고 있다

토사구팽 兎死狗烹

가뭄의 먼 변방에서
관심은 이미 떨어진 지 오래

그림자조차 발자국조차 없다

증거

이곳이 바다였다는 걸
믿지 않았다

물비늘로 그린 길이
저리 선명하지 않았더라면

흑백 논리

검은 빛과 흰 빛 사이에
동아줄이 있다
분명한 건
누가 먼저 그 줄을 잡느냐다

빠삐용

니가 암만 용 쓰면서 막아봐라
끝없이 탈출하려는 이 본능을
막을 수 있을 것 같아!

| 해설 |

사랑의 현상학과 생이라는 아포리아

이상옥(시인·창신대 명예교수)

| 해설 |

사랑의 현상학과 생이라는 아포리아

이상옥(시인·창신대 명예교수)

    김민지 시인은 고성 문화계 중심인물로 활동해 왔다. 지역 신문인 《고성신문》에서도 오랫동안 근무하며 홍보 업무를 담당했고, 지금도 소가야문화보존회에 상근하며 지역문화 창달에 앞장서고 있다. 또한 디카시의 발원지 고성에서 디카시 문예운동도 한결같이 서포트해 왔다.
    그는 디카시에 대한 정확한 이해와 창작 능력도 겸비하고 있다. "말보다 먼저 피어난 것들이 있다/ 아무도 눈길 주지 않는 곳에서도/ 가장 아름다운 눈빛과 몸짓으로/ 그 몸짓과 눈빛이 사라지기 전에/ 그대로 받아 적었다/ 당신도 갑자기 멈춰 본 적 있다면/ 동행하기를"이라고 쓴 디카시집 서문은 디카시의 핵심 원리를 응축해서 드러낸다. 아무도 눈길을 주지 않는 곳에서도 가장 아름다운 눈빛과 몸짓으로, 말보다 먼저 피어난 것이야말로 시인으로 하여금 시적 충동을 유발하는 시적 형상인 날시(raw poem)이다. 그 몸짓과 눈빛이 사라지기 전에 스마트폰 내장 디카로 찍고 쓴 것, 즉 그대로 받아 적는 것이 디카시다.

 이 디카시집에서 먼저 눈길을 끄는 것은 사랑의 현상학이다. 그는 사랑을 감정이나 낭만의 차원에서 다루지 않고, 존재가 타자를 향해 열리는 현상적 사건으로 이해한다. 이는 후설의 지향성 개념이나 메를로퐁티의 신체적 지각이론과도 통한다. 시인의 몸은 세계 속에 열려 있으며, 그 몸을 통과한 감각이 자연의 형상에서 사랑을 포착한다. 사랑이 생의 본질이며 생의 동력이고 단초라는 것을 보여준다. 사랑 없이 생은 결코 시작은 물론 존재할 수도 없다.

너에게로만 향하는 내 첫 마음
볼에 대인 듯

- 「첫사랑」

 회색의 콘크리트 블록 틈새에서 한 송이 꽃이 피어 있다. 규칙적이고 차가운 사각의 구조 속에서 피어난 이 한 송이의 꽃은, 마치 마음속 어딘가에 남아 있는 첫사랑의 잔향처럼 보인다. 꽃은 닫힌 세계의 균열 속에서 비로소 드러나는, 숨겨진 감정의 형상이다. 사진기호는 단순히 꽃의 아름다움을 담은 것이 아니다. 그것은 '사랑'이라는 감정이 세계 속에서 어떻게 드러나는가를 보여주는 하나의 현상이다. 회색의 콘크리트는 삶의 견고한 현실을 상징하고, 그 속에서 피어난 꽃은 그 현실을 관통해 솟아오른 '감정의 발생'을 드러낸다.

사랑은 그렇게 언제나 닫힌 세계에서 생겨난다. 완벽히 열린 세계에서는 사랑이 피어나지 않는다. 오히려 금지와 제약, 닿을 듯 닿지 않는 거리감 속에서 사랑을 느낀다. 이 사진기호는 그런 사랑의 현상학적 조건을 시각적으로 드러내고 있는 셈이다.

문자기호 "너에게로만 향하는 내 첫 마음/ 불에 데인 듯"은 그 시각적 현상을 내면의 체험으로 이어준다. 사랑은 의식이 타자를 향할 때 발생한다. 현상학의 언어로 말하자면, 사랑은 '지향성'이다. 나의 마음이 너를 향하는 그 순간, 세계는 새로운 의미로 빛난다. 그러나 그 빛은 따스함만이 아니라 통증을 함께 지닌다. "불에 데인 듯"이라는 언술 속에서 사랑이 단순한 감정이 아니라, 몸의 감각 속에서 경험되는 실존적 사건임을 느낀다. 사랑은 생각이 아니라 몸으로 겪는 경험, 즉 '살의 현상학'이다.

이 작품은 사랑이 드러나는 순간을 보여준다. 블록의 회색과 꽃의 붉음이 부딪히는 그 찰나, 언어는 감각의 세계와 맞닿는다. 이때 사진기호와 문자기호는 각각의 독립된 언어로서 서로를 향해 열린다. 사랑은 그 사이, 감각과 언어의 접점에서 태어난다.

디카시의 매혹은 멀티언어로 표현한다는 데 있다. 한 송이 꽃처럼, 차가운 세계의 틈새에서 피어나는 따뜻한 감정이라는 것은 사진기호만으로, 문자기호만으로는 표현할 수 없고 이 둘의 상호텍스트성에 의해서만 드러낼 수 있다는 것이다.

도무지 계산할 수 없는
이 떨림,
하루 종일 흘러
먼 그대에게로 갑니다

－「사랑 혹은 비밀」

사람의 형상이 벽에 그려져 있다. 그런데 그 머리에는 얼굴

이 아닌 전기계량기가 달려 있다. 그 장치는 매일 수치를 기록하며, 에너지의 흐름을 감지하는 감각 기관이다. 시인은 이 모습을 보고, 단순한 기계가 아니라 뇌의 환유로 받아들인다. 전기계량기는 의식의 계기, 사랑의 충동을 계산하려는 이성의 장치이자 동시에 감각의 상징으로 드러난다.

후설의 현상학이 말하는 바와 같이, 모든 의식은 어떤 대상을 향해 나아가는 지향적 구조를 가진다. 시인은 벽에 그려진 형상 속에서 그 지향의 방향을 발견한다. 전기계량기를 머리로 단 이 인물은, 사랑의 충동이 이성의 회로를 따라 흐르는 순간적 사건을 표상한다. 사랑의 감정은 전류처럼 흐르고, 전류는 언제나 긴장과 발열을 수반한다. 사랑은 뇌의 회로를 타고 흐르는 전기의 현상이다. 그것은 계산될 수 없지만, 분명히 감각되는 존재의 떨림으로 다가온다.

"도무지 계산할 수 없는/ 이 떨림." 이 언술은 시인이 지각한 사랑의 전류적 본질을 정확히 드러낸다. 전기계량기가 전류의 양을 수치로 측정하듯, 인간의 의식도 사랑을 이성으로 계량하려 하지만, 사랑은 늘 그 수치를 초과한다. 그 초과의 순간이 바로 사랑의 현상학적 진리가 드러나는 자리다. 사랑은 이성의 장치를 통과하면서도 결코 포획되지 않는 감각의 흐름으로 남는다.

이때 벽화의 꽃들이 중요한 역할을 한다. 꽃은 전류의 시각적 변주다. 사랑의 전기가 몸을 타고 흐를 때, 그것은 감각의 언어로 피어난다. 벽화의 꽃은 사랑의 전류가 심장과 신체로 전이된 정서의 발광이다. 전기적 긴장이 감정적 아름다움으로 변환된 것이다. 시인이 본 것은 바로 그 변환의 순간, 즉 사랑의 전기가 정서의 꽃으로 피어나는 현상이다.

풍티의 신체현상학에 따르면, 인간의 지각은 신체를 매개로 세계와 맞닿는다. 시인이 느낀 "떨림"은 뇌에서 시작된 전류가 신체 전체로 확산되는 몸의 지각적 반응이다. 사랑은 뇌의 사유가 아니라, 몸의 감각으로 현상한다. 따라서 이 디카시는 사랑을 하나의 정신적 사유가 아닌, 신체적 현상으로서의 에너지 흐름으로 제시한다.

"하루 종일 흘러 먼 그대에게로 갑니다." 이 마지막 언술은 사랑의 전류가 대상인 '그대'를 향해 흐르는 지향의 운동성을 완성한다. 의식은 타자를 향해 끊임없이 흐르고, 그 흐름이 바로 사랑의 존재 방식이다. 사랑은 머물지 않는다. 그것은 멈추지 않는 전류이며, 순간마다 새롭게 점화되는 존재의 감전이다.

이 작품은 사랑을 감정의 상태로 묘사하는 것이 아니라, 의식의 전기적 흐름으로 드러나는 감각적 현상으로 형상화한다. 전기계량기는 사랑의 두뇌, 즉 이성과 감정의 경계에 놓인 뇌의 장치이며, 벽화의 꽃은 그 전류가 감각적 생명으로 변환된 흔적이다. 이 둘이 만나는 지점에서 사랑은 비로소 지성의 회로와 감정의 꽃이 교차하는 전류적 사건으로 존재한다.

시인이 포착한 사랑의 현상학은 사랑은 계산되지 않지만 흐르는 것이다. 보이지 않지만 느껴지는 것이다. 그 전류의 흔들림 속에서 인간은 타자에게 향해 가며, 그 흐름 자체가 곧 사랑의 현상, 그리고 존재의 의미가 된다.

김민지 시인은 생의 본질이 사랑이라는 것을 잘 보여준다.

그 사랑의 첫 출발은 에로스다. 에로스는 단순히 육체적인 끌림을 넘어선, 결핍을 채우려는 인간의 원초적 열망이다. 인간은 불완전한 존재이기에 자아 너머의 아름다움과 완전함을 갈망하며, 그 갈망 최초의 불이 바로 에로스이다. 플라톤에 의하면 사랑은 부족한 자가 완전함, 즉 이데아를 향해 나아가는 동력이라고 하였다. 남녀 간의 사랑에서 에로스는 서로에게 결핍된 반쪽을 발견하고, 하나가 되려는 맹렬한 의지로 나타난다. 그러나 이 강렬한 불꽃만으로는 지속적인 세계를 만들 수 없다. 바로 스토르게다. 육친의 사랑이다. 에로스가 자신에게 부족한 것을 취하려는 지향성이었다면, 스토르게는 새로운 생명을 보호하고 양육하려는 본능적인 헌신이다. 부모가 자식에게 조건 없이 베푸는 이 사랑은, 인간이 경험하는 최초의 무조건적인 사랑이며, 개인을 이기적인 에로스의 영역에서 벗어나 타인(자식)의 생존과 성장에 자신을 내어주는 헌신의 영역으로 인도한다.

저 붉은 핏줄,
질기게도 대를 이어
나에게로 왔다

- 「핏줄의 연대기」

김민지 시인에게 있어 핏줄의 연대기는 사랑의 연대기이다. 이 작품은 사랑의 현상학으로 인식한 생의 본질인 사랑이 시인에게로까지 뻗쳐 왔음을 표현한다. 한 알의 고구마에서 돋아난 붉은 싹을 통해 생의 근원적 이법(理法)을 드러낸다. 사진 속의 붉은 줄기는 단순한 식물의 생리현상이 아니라, 생명을 이어주는 어떤 보이지 않는 힘의 흔적처럼 느껴진다. 시적 언술 "저 붉은 핏줄, 질기게도 대를 이어 나에게로 왔다"는 바로 그 생명의 흐름을 나의 존재 속으로 끌어들인다. 이 작품은 '생의 본질이 사랑'임을 환기한다.

 핏줄은 생명을 잇는 통로이자, 사랑이 세대를 넘어 전이되는 길이다. 생은 스스로 존재하지 않는다. 그것은 타인으로부터, 부모로부터, 조상으로부터, 사랑의 전달로 이어진다. 핏줄은 그 사랑이 육체 속으로 응고된 상징이다. "질기게도 대를 이어"라는 표현 속에는 생에 있어 결코 단절되지 않으려는 의지, 그 의지의 밑바탕에 깃든 사랑의 지속성이 서려 있다. 사랑이야말로 생을 관통하는 내적 에너지이며, 핏줄은 그 사랑이 물질화된 흔적이다.

 사진기호로서의 붉은 고구마 싹은 흙과 생명, 육체와 시간의 감각을 동시에 불러온다. 흙 속의 어둠을 뚫고 나온 붉은 슬기 하나가, 마치 수많은 세월을 지나 지금 이 순간 화자에게 도착한 존재의 서사처럼 다가온다. 그것은 단순히 식물의 생장이라기보다, 화자에게로 흘러온 생의 연대기이며, 그 연대기의 저변에는 사랑의 맥박이 뛰고 있다. 디카시가 지향하는 '극순간 멀티언어예술'의 본질이 바로 여기에 있다. 한 장의 이미지와 한 줄의 언술이 만나, 존재의 뿌리와 사랑의 본질을 동시에 드러내는 것이다.

"나에게로 왔다"라는 마지막 구절은 이 디카시의 정점을 이룬다. 그것은 단순한 생물학적 계승이 아니라, 사랑의 현상학적 도래를 말한다. 사랑은 내가 만들어내는 것이 아니라, 나에게로 오는 것이다. 핏줄이 나에게로 온 것처럼, 사랑도 나에게로 도착한다. 그 도착의 순간, 나는 이전 세대의 사랑과 생명을 감각적으로 체험한다. 그것이 바로 후설이 말한 지향성의 체험이자, 퐁티가 말한 신체적 지각의 순간이다. 그렇게 생의 본질을 사랑으로 환원시키며, 혈연의 계보를 존재의 연대로 승화시킨다. 핏줄은 단순히 육체의 연결이 아니라, 에로스에서 시작해 스토르게의 사랑으로 생을 이어주는 길이다. 이 작품은 생명의 지속이란 결국 사랑의 연속이며, 사랑이야말로 생을 가능케 하는 근본 이법(理法)임을 깨닫게 한다. 그것은 단 한 장의 이미지와 한 줄의 언술로 완성된, 존재와 사랑의 현상학이다.

물줄기 사이로
작은 꿈 하나 무럭무럭 자란다

꿈은 여러 개여도 좋다고
계속해서 높이높이 오를 것이라고

― 「분수 앞에서」

　이 작품은 한 아이가 분수를 바라보는 장면을 사진기호와 "물줄기 사이로 / 작은 꿈 하나 무럭무럭 자란다 /꿈은 여러 개여도 좋다고/ 계속해서 높이높이 오를 것이라고"라는 언술의 문자기호로 구성하고 있다. 이 작품은 단순히 유년의 한 장면을 포착한 것이 아니라, 생의 연속성과 핏줄의 현존적 계승을 통찰한 것이다.
　분수의 물줄기는 생명의 순환을 상징한다. 물은 솟구쳤다가 다시 내려오는 끊임없는 운동 속에서 사라지지 않고, 다시

금 솟구친다. 그 운동은 생의 흐름이자 혈통의 연속과 연동된다. 아이가 분수를 바라보는 장면은 시인이 자기 존재의 다음 세대를 바라보는 시선이며, 그 속에 생의 계보학적 사유가 내포되어 있다. 분수의 물줄기가 하늘로 오르는 것은 생명력의 상승이며, 아이의 꿈이 자라 오르는 미래의 표상이다.

시인은 "작은 꿈 하나 무럭무럭 자란다"고 언술함으로써, 꿈의 씨앗이 세대 간을 거쳐 이어지는 생명적 유전성을 드러낸다. "꿈은 여러 개여도 좋다"는 언술은 개인의 욕망을 넘어, 세대가 달라져도 생의 의지가 다양하게 분화될 수 있음을 인정하는 존재의 다층적 연속성을 의미한다. 분수의 물줄기가 여러 가닥으로 뻗어 올라 서로 다른 높이를 이루듯, 핏줄의 세대들은 각자의 방향으로 자라나되, 모두 한 근원에서 솟아난 물이다.

이 작품은 시인의 내면에서 '핏줄의 연대기'로서의 생명 인식을 시각화한다. 물줄기 속에서 시인은 자신의 과거와 미래를 동시에 본다. 시인에게 손주의 존재는 단순히 '다음 세대'가 아니라, 자신의 생이 계속해서 현재형으로 존재하는 증거이다. 분수 앞에서 아이가 분수를 바라보는 장면은, 시인이 자기 생의 시간대가 자식을 거쳐 손주 세대까지 무한히 이어지는 현존의 사슬임을 깨닫는 시적 순간이다.

따라서 이 작품은 단순한 유년의 정경을 넘어, 생의 유전적 흐름과 사랑의 계승을 한순간에 포착한 디카시적 형상화라 할 수 있다. 물의 순환처럼 사랑과 생명은 끊임없이 이어지고, 시인은 그 끝없는 흐름 속에서 자신이 사라지는 것이 아니라, 다른 형태로 다시 솟아오르는 존재임을 본다.

긴 세월 걸어와
지팡이 하나에 기대어
긴 숨 고른다
왔던 길 돌아보면
햇살이 등 뒤에서 길다

― 「길 끝에서」

　이 작품은 생로병사하는 던져진 존재로서의 인간이 직면한 생의 아포리아를 정면으로 마주한다. 사진기호 속 노인은 지팡이에 의지한 채 길가의 낮은 둑에 앉아 있다. 이 장면은 단순한 휴식의 모습이 아니라, 삶의 여정을 다해온 존재가 길의 끝에서 마주한 실존적 고요를 시각화한 것이다.

　문자기호는 그 시각적 형상을 실존의 사유로 확장한다. "긴 세월"은 생의 여정을 압축한 은유다. 인간은 태어나 걷고, 사랑하고, 상처받으며 결국 지팡이에 의지할 만큼 생의 무게를 짊어진다. "긴 숨 고르다"는 단순한 숨 고르기가 아니라 삶의 종착점에서 존재가 스스로를 정리하는 호흡, 즉 생의 쉼표를 의미한다. 그것은 끝이라기보다 마지막 사랑의 여운이자 생의 본질을 되묻는 내적 호흡이다. "왔던 길 돌아보면／ 햇살이 등 뒤에서 길다"는 마무리 구절은 생의 아포리아를 가장 선명히 드러낸다. "왔던 길"은 과거, 곧 살아온 생의 궤적이다. 그러나 그것을 "돌아보면" 보이는 것은 "햇살이 등 뒤에서 길다"는 역설적 장면이다. 햇살은 생의 따뜻함이자 사랑의 은유이지만, 그 빛이 '앞'이 아니라 '등 뒤'에서 비춘다는 사실은 이미 그 사랑과 생이 지나가버렸음을 말한다. 존재는 여전히 사랑을 그리워하지만, 그 사랑은 이미 시간 저편으로 흘러가 있다.

  이 역설이 바로 생의 아포리아이다. 사랑이 생의 본질임에도, 인간은 유한하고 한계적 존재로서 그 사랑의 완전한 형상에 닿을 수 없다. 살아온 길을 돌아보며 사랑의 빛이 여전히 자신을 비추지만, 그것은 더 이상 '현재의 체험'이 아닌 '기억의 빛'으로 남는다. 작품 속 존재는 그 빛을 등에 받으며 길 끝에서 마지막 숨을 고른다.

  이처럼 이 작품은 사진기호로는 '지팡이에 의지한 노인의 형상'을 통해 던져진 존재의 실존적 외로움을, 문자기호로는 "햇살이 등 뒤에서 길다"라는 구절을 통해 사랑과 생의 불가해함, 즉 아포리아의 정조를 표상한다. 즉, 이 작품은 생의 불가해성, 아포리아를 노인의 모습으로 전경화한 것이다.

  김민지 시인은 생의 본질로서 사랑의 현상학을 그리는 가운데 생의 아포리아를 집중적으로 모파하고 있다. 그것은 생의 유한성과 한계 내 존재로의 생의 실존을 표상하는 작업이다.

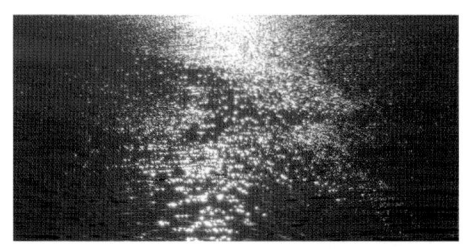

햇살이 강물에 몸을 섞자마자
스파크가 일어난다

이 강렬한 격정!

무량한 봄날의 슬픔이여

– 「빛으로 눌러 쓴 시」

　이 작품은 이번 시집의 표제 디카시이자 전체 시집 흐름을 통괄하는 키워드 역할을 한다. 시인은 강물에 반짝이는 햇살을 보며 순간 날시로 포착하고 강렬한 시적 충동을 느끼고 쓴 것이다. 햇살과 강물이 몸을 섞는 것은 사랑의 표상이다. 여기서도 생의 본질이 사랑임이 드러난다. 자아가 타자와 만나 성스럽게 교감을 하며 한 몸이 되어 빗줄의 언내기를 쓰는 것이 생이다. 그것이 생을 영위하게 하는 불꽃 같은 생의 본능이고 섭리라 할 것이다. 그런데 시인은 "이 무량한 봄날의 슬픔이여"라고 탄식한다. 왜일까. 그것은 생의 아포리아가 작동하기 때문이다.

계속되는 계절을 반복하고 있지만

어쩌죠. 오래 잊혀진 전설처럼
주저앉은 감정은
아무것도 움직일 수 없는데

— 「사라지는 길」

하늘 찌르던 날도
푸르게 숨 쉬던 날도
다 지나간

생명의 신호 한 점

— 「깃발」

위의 두 작품은 앞에서 다룬 「길 끝에서」와 같은 맥락이다. 김민지 시인은 이 디카시집에서 생은 유한한 존재인 인간의 이성으로는 이해할 수도, 해결될 수도 없는 아포리아로 가득한 것이라고 초점화한다. 스파크 같은 결렬한 사랑도, 생의 열망이나 의지도 멈춰 선 자전거처럼 소진되는 것이고 하늘을 찌르는 푸르름으로 가득하던 생명성이나 생의 의지도 잔해로 남는 것도 모두 생의 아포리아를 환기한다.

김민지 디카시집 『빛으로 눌러 쓴 시』가 사랑의 현상학과 생의 아포리아로, 생명의 본질과 동시에 한계 내 존재로서의 생의 유한성을 그려내면서 보여주는 재치와 기지, 풍자와 능청스러움, 역설과 메타포, 유니크한 상상력 등의 다양한 기법에 대해서는 다 거론하지 못했다. 이번 디카시집은 주제적 집중도도 그렇고 형상성에 있어서도 빛나는 성취를 보여주며 김민지의 시인됨을 입증한다.

창연디카시선 29

빛으로 눌러 쓴 시

2025년 10월 25일 발행

지 은 이 | 김민지
편   집 | 이소정 임혜신 김수지
펴 낸 이 | 임창연
펴 낸 곳 | 창연출판사
주   소 | 경남 창원시 의창구 읍성로 36, 2층
출판등록 | 2013년 11월 26일 제567-2013-000029호
전   화 | (055) 296-2030
팩   스 | (055) 246-2030
E - mail | 7calltaxi@hanmail.net

값 15,000원
ISBN 979-11-94987-02-4   03810

ⓒ 김민지, 2025

* 이 책은 경상남도, 경남문화예술진흥원의 문화예술 지원을 보조받아 발간되었습니다.
* 이 책의 판권은 저자와 창연출판사에 있습니다.
* 양측의 서면 동의 없이 무단 전재나 복제를 금합니다.